Christine Noll

Nie die Hoffnung aufgeben

Leben heißt lieben

novum pro

Bibliografische Information
der Deutschen Nationalbibliothek:

Die Deutsche Nationalbibliothek
verzeichnet diese Publikation in
der Deutschen Nationalbibliografie.
Detaillierte bibliografische Daten
sind im Internet über
http://www.d-nb.de abrufbar.

Alle Rechte der Verbreitung,
auch durch Film, Funk und Fernsehen,
fotomechanische Wiedergabe,
Tonträger, elektronische Datenträger
und auszugsweisen Nachdruck,
sind vorbehalten.

Gedruckt in der Europäischen Union
auf umweltfreundlichem, chlor- und
säurefrei gebleichtem Papier.

© 2024 novum Verlag

ISBN 978-3-99146-229-3
Lektorat: Thomas Ladits
Umschlagfoto: Christine Noll
Umschlaggestaltung, Layout & Satz:
novum Verlag

www.novumverlag.com

Widmung

Dieses Buch widme ich dir, mein lieber Ingo. Denn es wurde nur in der Form möglich, weil du in mein Leben kamst.

Vorwort

Meine lyrischen Texte umfassen alles, was man als Mensch fühlen kann. Es geht um Trauer, Freude, Glück, Zuversicht, Erkenntnisse, die man in seinem Leben macht. gt. Das alles hat auch meistens mit Liebe zu tun. Immer wieder werden wir mit Enttäuschungen konfrontiert. Dann ist es Zeit, innezuhalten und sich mit sich selbst auseinanderzusetzen. Dinge zu ändern, die negativ sind, und dem Leben wieder einen positiven Inhalt zu geben.
Natürlich ist das nicht leicht. Alles, was schwer zu sein scheint, ist auch wertvoller. Manchmal hat man das Gefühl, dass es keine Hoffnung mehr gibt.
Es lohnt sich, zu kämpfen, damit Hoffnung wieder wachsen kann. Gebt niemals auf.

Jahrzehnte

Jahrzehnte hat es gebraucht, mein Herz und meine Seele wieder zu öffnen. Die Mauern, die ich um mich errichtet hatte, wurden eingerissen. Ich war darin gefangen und wurde befreit.
Dadurch bin ich wieder verletzlich. Aber ich habe verstanden, dass man das Glück nicht zu schätzen weiß, wenn man Schmerz nicht fühlen kann. Denn nur dann kann man richtig fühlen und Gefühle zulassen. Sich allem allen zu öffnen. Lachen und vor Glück zu weinen, wenn einen die Emotionen überwältigen, das ist ein Zeichen, dass man mit ganzem Herzen fühlt, und das bedeutet Leben.

Sehnsucht

Meine Sehnsucht steigt zum Himmel empor und fliegt zu dir.
Sie überwindet die Strecke bis zu deinem Haus und wird dich erreichen.
Durch unsere Gedanken sind wir verbunden und unsere Seelen treffen sich.
Sie umarmen sich und halten einander fest.
So wird es sein wenn wir wieder zusammen sind.

Meine Kinder

Meine lieben Kinder, sprecht bitte wieder mit mir.
Dass ihr nicht mehr mit mir sprecht, macht mich unendlich traurig. Ich liebe euch so, wie ihr seid. Mit all euren Fehlern und Schwächen, ohne Bedingungen. Liebe stellt diese nicht. Heute kann ich sehen, dass ich euch durch meinen Egoismus tief verletzt habe. Das wollte ich nie und doch habe ich genau das getan. Das ist der Grund, warum ich verstehen kann, dass ihr mir nicht verzeihen könnt.
Trotz allem werde ich euch immer lieben.

Mein lieber Ingo ...!

Du bist das Beste, was mir je passiert ist.
Manchmal beschleicht mich das bange Gefühl, dass mir dieses Glück zwischen den Fingern zerrinnen könnte. Dass etwas zwischen uns passiert und du, mein lieber Ingo ..., nicht mehr da bist. Davor habe ich Angst und deswegen halte ich jede Sekunde, Minute, jeden Tag und Monat in meinem Herzen fest. Meine Hoffnung ist, dass unser Glück, einander zu haben, niemals endet.

Sonne

Du sagst zu mir, wenn ich da bin, scheint die Sonne.
Du sagst zu mir, ich bin dein Leben und die Sonne,
die dich wärmt.
Das macht mich unendlich froh.

Auch du bist die Sonne in meinem Leben.
Solange du da bist, ist mir warm ums Herz.
Du erhellst mein Herz, das so lange in einem dunklen Tunnel
gefangen war.
Du hast es erwärmt, gerettet und aus diesem kalten Tunnel
ans Licht geholt.
Nun ist es wieder erwacht.

Von negativ zu positiv

Manchmal fühlt man sich matt, kraftlos und innerlich traurig.
Diese Gefühle kommen auf einen zu, ob man sie will oder nicht.
Manchmal weiß man gar nicht, warum.
Dann sind wir gefordert, uns wieder den positiven Seiten zuzuwenden.
Zu erforschen, nachzudenken, was wir doch auch für auf schöne Dinge im Leben haben.
Einfach für alle diese kleinen Geschenke, die wir besitzen, dankbar zu sein.

Träumer und Egoisten

Man sollte sich nie im Leben in einen Träumer oder in einen Egoisten verlieben. Einer ist so schlimm wie der andere.
Die Träumer leben nicht in der Realität und laufen vor dem Leben davon. Sie ziehen sich in ihre eigene Welt zurück, zu der kein anderer Zutritt hat.
Egoisten interessieren sich nur für sich selbst. Sie leben nicht mit anderen zusammen, sondern betrachten sie als ihr Eigentum. Machen den anderen klein und fühlen sich damit ganz groß. Sie sind gefühlskalt. Man muss Angst haben, in ihrer Nähe zu erfrieren.

Die Vergangenheit

Sie ist die Summe aller Dinge, die man erlebt hat.
Sie hat uns zu denen gemacht, die wir heute sind.
Sie hat uns gelehrt, wie man handelt, wie man mit anderen Menschen umgeht.

Gegenwart ist das, was wir jeden Tag neu dazulernen.
Wir lernen immer wieder neue Dinge, verändern uns stetig.

Zukunft ist das, was noch vor uns liegt.
Von dem wir noch nichts wissen, das wir aber aus dem Gelernten noch gestalten können.

Zeit für sich

Ab und zu braucht man im Leben Zeit für sich.
Sich selbst zu reflektieren und an dem zu arbeiten, was negativ an einem selbst ist.
Diese Einstellungen und die Verhaltensweise zu ändern.
Sich von Menschen trennen, die einem nicht guttun.
Nur das Gute im Leben zu behalten.
Damit wirft man unnötigen Ballast ab.
Man sollte aber Menschen im Leben behalten, von denen man weiß, dass sie nie das Vertrauen missbrauchen würden. Die nie jemanden absichtlich verletzen würden. Nur so erlangen wir inneren Frieden und sind eins mit uns.

Herz

Als mein Kopf endlich zur Ruhe kam, fing ich an, mit dem Herzen zu denken.
Ich habe meine Mama immer geliebt und liebe auch den Mann, den ich kennengelernt habe.
Endlich konnte ich meiner Mama alles vergeben,
was passiert ist.
Dem Mann, den ich liebe, muss ich nichts vergeben, denn schließlich habe ich ihn tief verletzt, so dass er sich von mir abgewendet hat.
Man sollte immer mit dem Herzen denken, dann ist man auf dem richtigen Weg.

Egoismus

Egoismus ist eine Schiene, auf der ich gefahren bin.
Die ich mittlerweile verlassen habe.
Sie zerstört Menschen und verletzt ihre Gefühle.
Ich wäre dazu bereit, auf Dinge zu verzichten, damit der andere nicht zwischen zwei Menschen entscheiden muss.
Mich Sich selbst zurücknehmen und nicht immer in den Vordergrund stellen.
Endlich verstehe ich, was in mir gesehen wurde.
Das ist auch etwas, das ich nie wieder sein will.
Ich möchte die Menschen beschützen, die ich liebe. Das ist mehr wert als alles andere.

Wahre Liebe

Ich habe immer gedacht, dass ich nicht lieben kann.
Nachdem ich alle negativen Gefühle aus meinem Leben verbannt habe, muss ich feststellen, dass ich das doch kann.
Und schon immer konnte.
Wer wirklich liebt, ist bereit, alles zu vergeben und zu verzeihen. Das tue ich immer wieder, denn das ist etwas, das mein Papa mir vorgelebt hat. Meine Liebe geht tief, wenn ich einmal wahre Liebe für jemanden empfinde.
Sie wird nicht aufhören, egal, was passiert.

Verzeihen

Wenn man jemandem verzeihen kann, der einen in der Kindheit tief verletzt hat, fängt man an, festzustellen, dass man lieben kann. Unendlich tief. Es ist, als wenn im Innern ein Licht angezündet wird.
Alle negativen Gedanken, die es gibt, verschwinden und damit entsteht ein Wunsch, dieses Licht auch dem nächsten zu geben, damit derjenige sich genauso fühlt.
Wut, Zorn und Jähzorn müssen jetzt der Liebe Platz machen. Damit die Sanftheit und die guten Gefühle immer mehr Raum einnehmen können.

Wunder

Ich bin eine erwachsene Frau. Das schließt aber nicht aus,
dass ich noch an Wunder glauben kann.
Dass ich an die Macht des Universums glaube.
Dass ich an die Macht der Sternschnuppen glaube.
Dass ich an die Macht des Talismans glaube.

Ich glaube an die Macht der Liebe und Vergebung.
Ich glaube an die Macht der Schutzengel.
Ich glaube, dass Wünsche wahr werden, wenn man sie sich
intensiv wünscht.

Was wäre wenn ...?

Was wäre wenn ...?
Wie oft haben wir uns im Leben wohl schon diese
Frage gestellt?
Doch keiner kann sie beantworten. Denn man weiß ja gar
nicht, was gewesen oder geworden wäre, wenn man eine
andere Entscheidung im Leben getroffen hätte.
Es gibt viel zu viele im Leben. Zu viele, die man vorher gar
nicht weiß. Und trotzdem werden wir uns im Leben immer
mal wieder diese Frage stellen.
Vor allen Dingen dann, wenn wir mit unserer Entscheidung
im Leben falschlagen.

Das Ende des Tunnels

Manchmal scheint der dunkle Tunnel im Leben kein
Ende zu nehmen.
Sicher hat man öfter auch mal einen Lichtblick. Wenn es
auch nur die Lampen im Tunnel sind.
Trotzdem scheint man nie sein Ende zu erreichen.
Doch für jeden Menschen auf dieser Erde gibt es das Ende
eines Tunnels.
Manchmal dauert es sehr lange, aber man sollte die Hoffnung
nicht aufgeben. Es ist umso grandioser, wenn man endlich
den Tunnel verlässt und im Licht der Sonne steht.

Zukunft

Kein Mensch kann in die Zukunft sehen. Meistens ist
es besser so.
Wer weiß, ob man Dinge anders machen würde.
Selbst, wenn man sie anders macht, heißt das nicht,
dass man dazu lernt.
Gerade die Entscheidungen, die man trifft, können helfen,
dazuzulernen. Dann erkennt man Zusammenhänge und es ist
möglich, einiges zu ändern. Sein Leben zu verändern und die
Einstellung dazu.
Das wahre, bessere Ich hervorzuheben.

Du bist in meinem Herzen

Du bist es, der in meinem Herzen ist.
Du bist es, der mir Vertrauen in mich selbst gibt.
Du bist es, der mir hilft, meinen Traum zu verwirklichen.
Du bist es, der an mich glaubt.
Du bist es, den ich für alle diese Dinge liebe.
Du bist der einzige, der mir mein Selbstvertrauen
wiedergegeben hat.
Der mich in die richtige Richtung gelenkt hat.
Der mir meinen Frieden und das Vertrauen wiedergegeben
hat, das ich vor langer Zeit verloren habe.

Teilen

Mein Herz und meine Seele möchte ich mit dir teilen.
Denn du bist der, der mich versteht.
Immer habe ich nur meine Verletzlichkeit gesehen und habe deine übersehen. Mein Kopf war mir andauernd im Weg.
Aber jetzt höre ich nur auf mein Herz, denn es wird mir den richtigen Weg weisen.
Wie sagte der kleine Prinz: „Man sieht nur mit dem Herzen gut."
Wie recht er hatte.
Ich hoffe, es ist noch nicht zu spät.

Eine zufällige Begegnung

Eine zufällige Begegnung an einem Morgen veränderte mein ganzes Leben.
Ich hüpfte einem Mann vor das Fahrrad und schaute ihm hinterher. Bekam ihn nicht mehr aus dem Kopf.
Das war Schicksal und sollte so sein.
Wir kamen uns näher und er hat jeden Schutzmechanismus ausgeschaltet, den ich mir zugelegt hatte.
Erst zu spät habe ich gemerkt, dass ich sie alle bei ihm nicht gebraucht hätte. Endlich konnte ich vertrauen und fing an, ihn zu lieben.
Dann war Schluss. Ich fühlte nur noch unendlichen Schmerz, aber ich ließ ihn zu. Damit fand ich heraus, wer ich wirklich bin.
Die Frau mit einem unendlich großen Herzen.
Die, die keinen Zorn und keine Wut mehr in sich hat.
Die, die endlich ihren inneren Frieden gefunden hat.
Das würde ich gerne mit diesem Mann teilen.

Gestorbene Träume

Im Laufe meines Lebens habe ich viele Träume begraben.
Doch seit es dich gibt, habe ich wieder angefangen, zu träumen.
Gerade jetzt in diesem Moment hilfst du mir, meine Träume umzusetzen. Ich habe wieder neue Träume.
Träume mit dir.
Ich werde mein Bestes geben, um diese Träume Wahrheit werden zu lassen.
Ich möchte aber auch deine Träume Wirklichkeit werden lassen.
Alles sollte auf Gegenseitigkeit beruhen, denn nur so kommt in einer Beziehung keiner zu kurz.

Fürsorglichkeit

Du bist der Mensch, den ich über alles liebe!
Deine Fürsorge ist wie Balsam für meine Seele.
Deine Liebe ist völlig uneigennützig.
Du bringst in mein Leben Ruhe und Beständigkeit.
Du achtest und respektierst meine Meinung und vor allem
mich als eigenständige Person.
Du bist rücksichtsvoll und forderst nichts ein, was ich nicht
bereit bin, dir zu geben.
Genauso möchte ich mit dir umgehen.
Denn nur so hat die Liebe eine Chance.

Deine Umarmung

Ich liege neben dir im Bett ganz nah an dich ran gekuschelt.
Du legst deinen Armen um mich, hältst mich fest. Wir liegen nebeneinander und streicheln uns gegenseitig in den Schlaf.
Das ist wunderschön und mit diesem Gefühl schlafen wir ein.
Umhüllt von unserer Liebe.
Nichts wünsche ich mir sehnlicher, als dass es immer so sein wird.

Liebe ist mehr als ein Wort

Liebe ist mehr als nur ein Wort.
Es ist ein Gefühl, das man nicht in Worte fassen kann.
Es sind all die kleinen Sachen, die man füreinander tut.
Es ist, wenn man sich in schlechten Zeiten beisteht,
dem anderen zuhört, weil einem der Mensch, der einem
gegenübersitzt, wichtig ist.
Oder wenn man das Glück in guten Zeiten miteinander
teilen kann.
Man kann sich fallen lassen und weiß, dass der andere
einen auffängt.
Einfach nur füreinander da sein und zu wissen, dass man
nicht alleine ist.

Ein Gedicht von meiner Mama

Kleines Bild an meiner Wand.
Wie oft nehme ich dich zur Hand?
Abends vor dem Schlafengehen,
um dich nochmal anzusehen.

Oft tu ich's und immer wieder
und du lächelst still hernieder.
Du bist fern und ich bin hier,
nur dein Bild bringt mich zu dir.

Abends dann beim Lampenlicht
schau ich noch auf dein Gesicht.
Schlafe froh und glücklich ein,
nehm's mit in den Traum hinein.

Einst hast du es mir geschenkt,
weil dein Herz so an mir hängt.
Und nun trage ich es im Geheimen
Tag und Nacht in meinen Träumen.

Schlafe, schlafe glücklich ein,
immer, immer denk ich dein.
Elfriede Johanna Noll

Berührungstraum

Ich träume davon, dich zärtlich zu berühren.
Deine warme Haut unter meinen Händen zu fühlen.
Dein Gesicht zu streicheln, das sich zugleich rau und weich anfühlt. Eben männlich.
Deinen Kopf mit einer sanften Massage zu verwöhnen, damit du entspannen kannst.
Mit meinen Lippen berühre ich deine, kann sie spüren, so, wie du meine spürst.
So tauschen wir Zärtlichkeit und Gefühle aus.
Das ist Balsam für unsere Seelen und Herzen.

Die Sicherheit einer Umarmung

Du nimmst mich in den Arm und ich habe das Gefühl, endlich angekommen zu sein.
Deine Umarmung gibt mir die Sicherheit, die ich brauche.
Ich kann mich fallen lassen und auch einmal schwach fühlen.
Denn ich weiß, dass du da bist. Mir die nötige Kraft gibst, um weiterzumachen.
Aber auch ich bin für dich da. Umarme dich, wenn du dich schwach fühlst, um dir von meiner Stärke abzugeben.

Wärmende Gedanken

Ich liebe dich!
Dieser Gedanke erwärmt mein Herz.
Es gibt mir wieder Zuversicht. Denn bei diesen Worten steigt dein Bild vor meinen Augen auf.
Dann sehe ich dein Gesicht, deine Augen und sehe die Gefühle, die meine eigenen reflektieren.
Die Gefühle, die ich schon so lange gesucht habe.
Niemals gab ich die Hoffnung auf, sie zu finden.

Mein Leben möchte ich mit dir teilen

Mein Leben möchte ich mit dir teilen.
Freude, Leid, Spaß und auch Trauer.
Die Möglichkeit haben, jeden Tag mit dir zu verbringen.
Dich bei Bedarf zu umarmen, wenn du es brauchst.
Mit dir zu lachen oder zu weinen.
Dich bis zum Umfallen zu küssen.
Dich zu streicheln, bis du eingeschlafen bist.
Dir jeden Tag zu zeigen, wie sehr ich dich liebe.

Abends in meinem Bett

Abends gehe ich ins Bett und fange an, von dir zu träumen. Ich stelle mir vor, immer bei dir zu sein. Mein Leben mit dir zu teilen.
So gerne würde ich neben dir einschlafen, in deinen Armen.
Das Schönste wäre es, in deinen Armen aufzuwachen, dein Gesicht morgens neben mir zu sehen. Einen schöneren Tagesanfang kann es nicht geben.
Dann schaust du mir in die Augen und wir werden die Liebe zueinander darin sehen.

Ich lege dir mein Herz zu Füßen

Was würdest du sagen, wenn ich vor dir stände und dir mein Herz zu Füßen legen würde?
Würdest du mich wegschicken oder da behalten und mir deine Liebe gestehen?
Ich mag dich nicht fragen, weil ich Angst habe, dass du meine Gefühle gar nicht erwiderst.
Wie soll ich dann damit leben?

Begegnung

Ich hätte nicht geglaubt, dass mal eine Begegnung mit einem Mann meine Einstellung zu Menschen, mein Leben dermaßen verändern könnte.
Es gibt einen Mann in meinem Leben, der mir zuhört. Mich aufmuntert, mir Mut gibt und der mir oft ein Lächeln ins Gesicht zaubert.
Ihn aus meinem Leben zu lassen funktioniert nicht mehr. Denn ich brauche mich bei ihm nicht mehr zu verbiegen.

Brücken

So gerne würde ich eine Brücke bauen zu dem Mann,
den ich liebe.
Zu dem ich Vertrauen habe und der mir mehr wert ist als alle
Reichtümer dieser Welt.
Ihm zeigen, welche Frau ich durch seine Hilfe geworden bin.
Denn was ist meine Welt ohne ihn?
Eine einsame Welt.
Möchte ihn mit meiner Liebe einhüllen. Gefühlvoll,
fürsorglich und zärtlich sein.
Sein Herz und seine Seele beschützen und behüten, so wie er
es bei mir getan hat.
Lass uns zusammen eine Brücke bauen, über die wir
gemeinsam gehen können.

Mama

Mama, der Schmerz und das Leid, die du mir als Kind zugefügt hast, sind vergangen.
Die Narben und die Erinnerungen werden bleiben, aber sie spielen keine Rolle mehr.
Du hast mich von dir gestoßen und damit das Vertrauen zu dir zerstört.
Du hast mich mit deinem Schweigen manipuliert und tyrannisiert und trotzdem habe ich dich geliebt.
Ich tue es noch.
Durch Papa konnte ich wachsen und ich bin nicht daran zerbrochen.
Seine Liebe und Geduld haben mich zu einer Kämpferin werden lassen.
Dafür zu kämpfen, woran ich glaube.

Seelenverwandte

Zwei Menschen, deren Seelen getrennt irgendwo auf der Welt leben.
Ich habe meine zweite Hälfte gefunden.
Wir haben ähnliche Dinge im Leben erlebt. Als ich dich das erste Mal traf und dir hinterhersah, bekam ich dich nicht mehr aus dem Kopf.
Meine Seele hat gespürt, dass du mein anderer Teil bist.
Aber in der Entwicklung warst du schon viel weiter als ich. Ruhiger und abgeklärter. Mein besseres Ich, zu dem ich noch werden musste.
Jetzt sind wir getrennt voneinander und ich empfinde keinen Zorn, sondern nur tiefe Trauer. Du fehlst mir!

Der geknackte Panzer

Nach Jahrzehnten fühle ich wieder bedingungslose Liebe, aber auch tiefen Schmerz.
Obwohl ich das nie wieder fühlen wollte. Ich kann all das wieder zulassen.
Auch meinen Jähzorn habe ich hinter mir gelassen und meinen inneren Frieden gefunden. Das Vertrauen nicht verloren.
Ich danke dem Mann, der mir das ermöglicht hat.

Schicksal

Du warst mein Schicksal.
Wir sind uns begegnet und waren zusammen. Du hast mir gezeigt, wie das Leben sein könnte.
Ich habe es anfangs nicht verstanden. Hielt an meiner Vergangenheit fest, weil sie immer eine schöne Ausrede war.
Das Kind in mir wollte wieder einmal bemitleidet werden und da war auch viel Zorn.
Du machst Schluss. Das hat mir die Augen geöffnet.
Also musste das Kind aus meinem Kopf und Herzen weichen.
Jetzt kann ich die Frau sein, die ich immer sein wollte.
Die Gefühlvolle, die Zärtliche und die Liebende.
Endlich ist Ruhe in meinem Kopf und Herzen eingezogen.

Liebe, was ist das?

Ein Gefühl, das in unseren Herzen Raum hat.
So oft wurde dieses Gefühl beschrieben und doch gibt es verschiedene Perspektiven.
Liebe ist Vertrauen, Respekt und Achtung vor der Persönlichkeit des anderen.
Liebe heißt sich fallenlassen können, zu wissen, dass der andere einen auffängt und die Gefühle nicht missbraucht.
Liebe heißt, sich gegenseitig zu beflügeln und zu wachsen.
Immer füreinander da sein, aber auch Freiraum lassen.
Offen und ehrlich miteinander umzugehen.

Freundschaft

Froh und frei gehe ich durchs Leben.
Fang einen neuen Abschnitt an.
Werde sehen, was mir das Leben
noch so alles geben kann.
Freunde habe ich gefunden,
die mir treu zur Seite stehen.
Ich werde die Freundschaften pflegen,
damit die Freunde in meinem Leben
stets an meiner Seite gehen.

Herz und Seele

Man kann mein Herz und meine Seele verletzen.
Aber weil ich stolz bin auf das, was ich in meinem Leben
erreicht habe, ist es nicht zerbrechlich. Auch nicht mein Stolz.
Ich werde immer ehrlich, aufrichtig und
geradeaus sein.
Die, die ich liebe, werde ich immer gern umsorgen,
beschützen und behüten.

Schmerz

Wer Schmerz in Kunst verwandeln kann, kreativ wird, kann sich glücklich schätzen.
Denn dadurch kann man viele Dinge besser verarbeiten.
Worte und Bilder vor Augen zu haben kann helfen.
Damit kann man die belastete Seele befreien.
Fühlt sich danach unendlich leicht, breitet die Flügel aus und kann fliegen.

Gedankenaustausch

Die Gedanken fließen wie ein steter Fluss und ich schreibe sie auf. Ich hatte damit etwas vor und habe es aufgeschoben.
Ich sprach mit meiner Yogalehrerin Meike darüber und sie sagte mir, ich solle die kreative Phase nutzen.
Also lasse ich meinen Gedanken freien Lauf. Das kann sehr befreiend sein. Es hilft mir dabei, mein Leben zu verändern, das Innere aufzureißen. Alte Strukturen, die sich manifestiert haben, zu verändern.
Das hat Yoga bei mir bewirkt und das ist etwas, das jeder für sich selbst tun kann.

Bewerten Sie dieses Buch auf unserer Homepage!

www.novumverlag.com

Die Autorin

Christine Noll wurde 1964 geboren und lebt in Braunschweig in Niedersachsen.

Ihre Karriere begann nach der Realschule als Dreherin und Floristin, 2010 wechselte sie in die Lagerlogistik und fing dort als Praktikantin an – heute ist sie Teamleiterin.

Ihr erstes Buch, „Ich brauche Dich und deine Liebe", hat sie schon 2004 geschrieben und seitdem immer wieder an weiteren Texten gearbeitet. Kreatives Schreiben zählt sie zu ihren besonderen Gaben. Davon abgesehen gestaltet sich ihre Freizeit durch einen guten Aktiv-Passiv-Ausgleich mit Musikhören und Lesen auf der einen und Sport, etwa Yoga oder Fahrradfahren, auf der anderen Seite.

Christine Noll ist Mutter dreier Kinder und lebt in zweiter Ehe geschieden.

Der Verlag

novum VERLAG FÜR NEUAUTOREN

> *Wer aufhört
> besser zu werden,
> hat aufgehört
> gut zu sein!*

Basierend auf diesem Motto ist es dem novum Verlag ein Anliegen, neue Manuskripte aufzuspüren, zu veröffentlichen und deren Autoren langfristig zu fördern. Mittlerweile gilt der 1997 gegründete und mehrfach prämierte Verlag als Spezialist für Neuautoren in Deutschland, Österreich und der Schweiz.

Für jedes neue Manuskript wird innerhalb weniger Wochen eine kostenfreie, unverbindliche Lektorats-Prüfung erstellt.

Weitere Informationen zum Verlag und
seinen Büchern finden Sie im Internet unter:

www.novumverlag.com